명상의 바다에서 건져 올린 삶의 지혜 2

| MIND |心

명상의 바다에서 건져 올린 삶의 지혜 2
마음 (心, MIND)

글 그림·이규경 / 펴낸이·김인현 / 펴낸곳·도서출판 종이거울
2003년 12월 15일 1판 1쇄 발행 2006년 11월 20일 1판 2쇄 발행
편집진행·이상옥 / 디자인·김명희
영업·법해 김대현, 혜국 정필수 / 관리·혜관 박성근 / 인쇄·금강인쇄(주)
등록·2002년 9월 23일(제19-61호) 주소·경기도 안성시 죽산면 용설리 1178-1
전화·031-676-8700 / 팩시밀리·031-676-8704 / E-mail·cigw0923@hanmail.net

ⓒ 2003, 이규경

ISBN 89-90562-07-4 04810
      89-90562-05-8 (세트)

· 책값은 뒤표지에 있습니다.
· 잘못된 책은 바꿔드립니다.
· 이 책의 내용 전부 또는 일부를 다른 곳에 사용하려면
  반드시 저작권자와 종이거울 양측의 서면 동의를 받아야 합니다.

명상의 바다에서 건져 올린 삶의 지혜 2

| MIND | 心 |

글 · 그림 이규경

종이거울

책머리에

때 아닌 비가 내리더니 아침엔 활짝 개었습니다.
창문을 여니 환한 햇살과 싱그러운 공기가 방안 가득 밀려 들어옵니다.
새들이 나뭇가지를 옮겨 다니며 노래합니다.
구름 몇 점이 푸른 하늘에 한가롭게 떠 있습니다.
살아 있다는 것이 즐겁습니다. 마음 편합니다.
어떤 이는 인생이 길다고 말하고 어떤 이는 인생이 짧다고 말합니다.
어떤 이는 삶이 즐겁다고 말하고 어떤 이는 삶이 괴롭다고 말합니다.
그런 것들이 다 마음 속에 있는 것이 아닌가 하는 생각이 듭니다.
거울의 뒷면만 보는 사람에겐 거울이 늘 어둡고
거울의 앞면만 보는 사람에겐 거울이 늘 밝겠지요.
이 세상 사람들의 삶의 모습과 같다는 생각이 듭니다.
잘 살펴보니 큰 연못에만 하늘이 비치는 것이 아니고 작은 웅덩이에도 하늘이 비치는군요.
이 책은 '배고프면 밥 먹는다'를 대폭 보완하여 세상에 다시 내놓게 되었습니다.
'종이거울' 편집진들의 노고에 깊은 감사의 마음을 전합니다.
비록 짤막짤막한 글이지만 편안한 마음으로 천천히 읽어 주셨으면 합니다.
제 마음을 몽땅 열어 보이는 것 같아 부끄럽지만
이 책이 독자 여러분들의 삶에 조금이라도 보탬이 되었으면 하는 간절한 마음뿐입니다.

2003년 11월
然耘 이규경

마음 ; MIND ; 心

차례

마음 1 — 욕심과 희망 · 10
마음 2 — 마음 다는 저울 · 13
마음 3 — 속지 말자 · 14
마음 4 — 중요한 건 · 17
마음 5 — 그릇과 마음 · 19
마음 6 — 마음 · 20
마음 7 — 더 우습다 · 22
마음 8 — 인생 길 · 24
마음 9 — 그리운 꽁보리밥 · 27
마음 10 — 생각을 따라간다 · 28
마음 11 — 생각과 행동 · 31
마음 12 — 밑천과 믿음 · 32
마음 13 — 생각과 노 · 35
마음 14 — 마음 두면 · 36
마음 15 — 마음의 문 · 38
마음 16 — 바람 · 40
마음 17 — 가벼움 마음 · 42
마음 18 — 세상 인심 · 44
마음 19 — 미움 · 47
마음 20 — 도자기와 생각 · 48
마음 21 — 자존심 · 50
마음 22 — 고민 · 52

마음 23 — 부끄러운 것 · 55
마음 24 — 헛수고 · 56
마음 25 — 착각 · 59
마음 26 — 술이 약 · 60
마음 27 — 생각 없는 사람 · 62
마음 28 — 흰색과 검은색 · 65
마음 29 — 가진 자와 못 가진 자 · 66
마음 30 — 자만심 · 69
마음 31 — 화와 불 · 70
마음 32 — 발자국 · 72
마음 33 — 조심하세요 · 74
마음 34 — 칼 · 77
마음 35 — 걱정 · 78
마음 36 — 자유인 · 81
마음 37 — 그리움 · 82
마음 38 — 밥그릇과 괴로움 · 84
마음 39 — 심술 · 86
마음 40 — 어리석음 · 88
마음 41 — 자위 · 91
마음 42 — 마음의 병 · 92
마음 43 — 없기 때문 · 94
마음 44 — 생각이 어디 있나 · 96
마음 45 — 장삿속 · 98
마음 46 — 마음과 물건 · 100

지혜 ; WISDOM ; 智

지혜 1 — 필름과 생각 · 105
지혜 2 — 마음에 담기 · 106
지혜 3 — 독과 향기 · 109
지혜 4 — 보나마나지 · 111
지혜 5 — 이 세상에 · 112
지혜 6 — 저울 · 114
지혜 7 — 구분하지 않는 · 117
지혜 8 — 잘못된 생각 · 118
지혜 9 — 그릇과 강 · 121
지혜 10 — 장애물 · 122
지혜 11 — 법칙 · 124
지혜 12 — 보일 것과 감출 것 · 126
지혜 13 — 더하기와 빼기 · 129
지혜 14 — 인생의 길이 · 130
지혜 15 — 나쁜 것과 좋은 것 · 132
지혜 16 — 꿈 · 134
지혜 17 — 앎 · 136
지혜 18 — 방법 · 139
지혜 19 — 지혜 · 141
지혜 20 — 잘 볼 수 없는 것 · 142
지혜 21 — 고민의 무게 · 144
지혜 22 — 운명과 그림자 · 147
지혜 23 — 머리의 짐 · 148
지혜 24 — 용기와 슬기 · 150
지혜 25 — 현실 · 152
지혜 26 — 위로와 사랑 · 154
지혜 27 — 쇠와 머리 · 156
지혜 28 — 슬픔이란 · 159
지혜 29 — 공 · 160
지혜 30 — 재尺 · 163
지혜 31 — 내용과 생각 · 165
지혜 32 — 일과 방법 · 166
지혜 33 — 책상과 마음 · 169
지혜 34 — 지식과 날개 · 170
지혜 35 — 매듭 · 172
지혜 36 — 궁금증 · 175
지혜 37 — 고장난 신호등 · 176
지혜 38 — 무덤 · 179
지혜 39 — 만큼 · 180
지혜 40 — 안다면 · 183
지혜 41 — 난 누굴까 · 184
지혜 42 — 인생의 맛 · 187
지혜 43 — 인생과 길 · 188
지혜 44 — 실수의 모자 · 190
지혜 45 — 또 한편 · 192
지혜 46 — 알려진다 · 195

우리는 배가 고파도 밥을 먹지 못한다. 다만 밥에 먹힌다.

밥 먹을 때는 밥만 온전히 먹어야 하는데도 전혀 그렇지 못하다는 말이다.

식사 때가 되면 습관적으로 밥그릇에 있는 밥을 다른 그릇으로 옮겨 담는 정도다.

왜냐하면 거기에는 먹는 행위에 대한 바른 인식이 없기 때문이다.

밥을 먹으면서도 밥 먹는 생각은 이미 어디론가 달아나거나 쫓겨가고

밥 먹는 그곳엔 밥 먹는 것과는 아무런 관계가 없는 잡념들만 가득하다.

온갖 것들이 뒤섞여 시끄럽고 복잡하며 혼란스럽기 그지없다.

그러니 밥을 먹고 있어도 단순히 옮기는 기계적인 반복만 있지,

먹는 행복의 느낌은 어디론가 멀리 사라져 버렸다.

그러기에 우리는 아무리 배가 고파도 밥을 먹지 못한다. 다만 밥에 먹힐 뿐이다.

밥을 제대로 먹지 못하기에 육체는 살이 쪄도 정신은 바짝 말라 앙상하다.

소위 정신의 허약이고 빈곤이다. 정신을 건강하게 할 제대로 밥 먹을 날은

언제나 올까? 한평생에 단 몇 번이나 될까?

어디 밥 먹는 일뿐이랴. 하나를 알면 열을 알 듯이 다른 일도 마찬가지다.

그러나 밥 먹는 일을 잘 하게 되면

다른 일도 잘 하게 될 것이라는 사실을 알기에 희망은 있다.

(편집자 松)

MIND

마음

心

배고프면 밥 먹고

마음
1

욕심과 희망

다 버렸다고 생각했는데
다시 보니 아직도
버리지 않은 것이 있네.

다 잃었다고 생각했는데
다시 보니 아직도
잃지 않은 것이 있네.

다 버렸다고 생각했던
것은 내 욕심이네.

다 잃었다고 생각했던
것은 내 희망이네.

인간은 자연의 손님으로 행동해야 하며 게으른 수벌이 되어서는 안 된다.
- 에머슨

마음 2
마음 다는 저울

미미한 것까지 달 수 있는
저울이 하나 있었으면 좋겠다.

보이지 않는 것까지 달 수 있는
저울이 하나 있었으면 좋겠다.

내 사랑의 무게가 얼마나 되는지
내 욕심의 무게가 얼마나 되는지
달아 보게.

그리고 또
내 행복의 무게가 얼마나 되는지
내 고뇌의 무게가 얼마나 되는지
달아 보게.

마음 3

속지 말자

지나간 것에 속지 말자.
지나간 것은 이미 사라진 것이다.

오지 않은 것에 속지 말자.
아직 오지 않은 것은 없는 것이다.

악마를 항복시키려고 하는 사람은 먼저 자기 마음부터 항복 받아야 한다.
―채근담

잠깐 머무는 재물에 속지 말고
영원히 살 것 같은 자기에게
속지 말자.

잠깐 머무는 재물은 곧 사라질 것이고
영원한 것은 있을 수 없는 것이기에.

사람에게는 예와 지금이 있으나 법(法)에는 멀고 가까움이 없으며,
사람에게는 어리석음과 지혜로움이 있으나 도(道)에는 성하고 쇠함이 없나니
비록 부처님 당시에 있었다 할지라도
부처님의 가르침을 따르지 아니했다면 무슨 이익이 있겠으며
아무리 말법 세상을 만났다 하더라도
부처님 교훈을 받들어 행한다면 얼마나 큰 이익을 얻겠는가?
- 야운 비구

마음 4

중요한 건

주인이 말에게 물었다.
"얘. 말아, 너는 오르막길이 좋더냐?
내리막길이 좋더냐?"

말은 주인을 한참 쳐다보더니
이렇게 말했다.
"전 지금 그게 문제가 아니에요.
중요한 건 등에 지고 갈
짐이에요."

예수께서 길 가실 때에
날 때부터 소경이 된 사람을 보신지라.
제자들이 물어 가로되,
랍비여, 이 사람이 소경으로 난 것이
뉘 죄로 인함이오니까. 자기이오니까, 그 부모이니까.
예수께서 대답하시되,
이 사람이나 그 부모가 죄를 범한 것이 아니라
그에게서 하나님의 하시는 일을 나타내고자 하심이니라.
- 요한복음

마음 5

그릇과 마음

늘 사용하고 있으면서
이걸 몰랐네.

그릇은 물로 닦아야
깨끗해지지만
사람의 마음은 반성으로 닦아야
깨끗해진다는 걸.

마음 6
마음

돌이 아빠는 마음이
두부처럼 부드럽다.

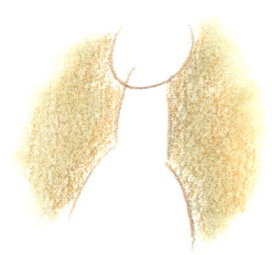

누가 그 마음에
못을 박아도 저절로 금방
빠져 버린다.

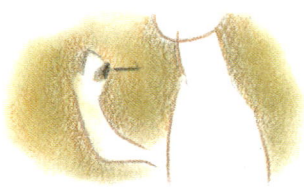

순이 아빠는 마음이
나무처럼 딱딱하다.

누가 그 마음에
못을 박으면 뽑지 못해
괴로워한다.
그래서 늘 마음 아파한다.

재물과 여색의 재앙은 독사보다 더 무서운 것이니,
스스로 반성하고 그른 줄을 알아서 항상 멀리해야 한다.

― 목우자

마음
7

더 우습다

큰 머리에 작은 모자를
쓰는 것도 우습지만

작은 머리에 큰 모자를
쓰는 것도 우습다.

능력 있는 사람이
작은 포부를 가지는 것도
우습지만

능력 없는 사람이
큰 포부를 가지는 것은
더 우습다.

마음
8

인생길

길이 있었다.

한 사람이 그 길을 천천히 걸어서 지나갔다.
다른 한 사람은 급하게 뛰어서 달려갔다.
또 어떤 이는 비틀비틀 흔들거리며
지나가기도 했고
쉬었다 가는 사람
서로 먼저 가려고 다투는 사람들….

길의 끝에는 도대체 무엇이 있을까?
그러나

길의 끝에는 아무것도 없었다.

옛날 사람 공부할 때,
짧은 시간 아꼈거늘 나는 어찌 이다지도 게으른가?
옛날 사람 공부할 때, 잠 오는 것 성화하여 송곳으로 찔렀거늘
나는 어찌 이다지도 게으른가?
옛날 사람 공부할 때, 하루 해가 넘어가면 다리 뻗고 울었거늘
나는 어찌 이다지도 게으른가?

-공부 노래

무상(無常)이 신속하여 나고 죽음이 풀 끝에 이슬 같네.
해가 지네, 해가 지네, 해가 다 지네. 일모청산에 해가 다 지네.
오늘내일 그럭저럭 다 보내고, 이달 저달 엄벙덤벙 다 보내고,
이해 저해 속히속히 지나가니 백 년 삼만육천일이 번개같이 빠르게 지나가네.
　－무상권발문

마음 9
그리운 꽁보리밥

꽁보리밥 같은 남자가 있었다.
보기만 해도 지겨웠던
꽁보리밥 같은 남자
촌티 나던 남자였지.

그런데,
하얀 쌀밥에 고기 반찬만 먹는 요즈음
그 꽁보리밥이 자꾸 그리워지는 것은
무슨 까닭일까?

마음
10

생각을 따라간다

깜빡 학교에 도시락을 두고 온 아이가
다시 학교로 돌아가듯

깜빡 학교에 신발주머니를 두고 온 아이가
다시 학교로 돌아가듯

생각이 그 사람을 다시
돌아가게 한다.

다시 가지 않아도 될 원래 자기 자리는
어디일까?

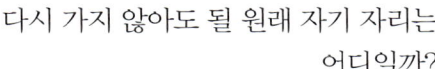

사람이 마음을 비우면 도와 하나가 되고
마음을 비우지 않으면 도에 어긋나게 된다.
이 무(無)라는 한 글자는 모든 유(有)를 포함하여 남기는 것이 없고
만물을 생기게 하여 없어지지 않는다.
천지가 비록 크지만 형체가 있는 것만을 부릴 수 있지,
형체가 없는 것은 부리지 못한다.
-동의보감 내경편 신형

마음 11 생각과 행동

생각을 먼저 하고
행동하는 사람은

옷을 먼저 벗고
물 속으로 뛰어드는
사람이고

행동을 먼저 하고
생각하는 사람은

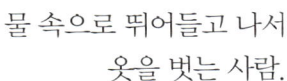

물 속으로 뛰어들고 나서
옷을 벗는 사람.

마음
12

밑천과 믿음

밑천 없는 사람들이 대부분
이 장사를 해 볼까
저 장사를 해 볼까
궁리만 한다.

아무리 궁리를 해도
선뜻 할 게 없다.

믿음 없는 사람들이 대부분
이 종교를 믿어 볼까
저 종교를 믿어 볼까
궁리만 한다.

아무리 궁리를 해도
선뜻 믿지 못한다.

나는 누구인가.
나는 육체이거나 물질의 연장이 아니다.
나는 생명이라. 불성에서 왔노라. 나는 불성이요, 법성의 구현자로다.
나에게는 거룩한 지혜와 덕성과 창조 능력을 갖추었으니 나는 신성하고 존엄한 권능자로다.
언제나 거룩한 뜻으로 살고 그 뜻을 실현할 사명으로 사노라.
나는 원래로 건강하고 억세고 어떠한 고난이라도 능히 이겨내고 높고 아름다운 꿈을 실현해 가노라.
하늘처럼 넓고 햇살처럼 밝고 바다처럼 넘치는 활기 ― 이것이 나의 얼굴이요 마음이로다.
이래서 나는 언제나 감사와 환희가 충만해 있노라.
　-金河錄

마음 13
생각과 노

생각이 짧은 사람은

한쪽이 짧은 노를 저어
배를 모는 사람과
같다.

넓은 바다를 건너겠다고
열심히 노를 저어 앞으로
나가려고 하지만

뱅글뱅글 돌아서 결국은
제자리로 오고 만다.

마음
14

마음 두면

어두울 땐 안 보이던 것들이
불을 켜면 나타나듯

눈 감았을 땐 안 보이던 것들이
눈을 뜨면 나타나듯

마음 없을 땐 안 보이던 것들이
마음 두니 나타난다.

없는 것도 마음 두니 나타나고
있는 것도 마음 없애니 사라진다.

마음
15

마음의 문

내 마음에 무거운 문이 하나 있어
밖에 있는 것들이
쉽게 안으로 들어오지 못하고
안에 있는 것들이 쉽게 밖으로
나가지 못한다.

그리고 무엇이 한 번 들어오고
나갈 때마다 문은 시끄럽게
소리를 낸다.

그러므로
하늘에 계신 너희 아버지가 온전하심과 같이 너희도 온전하다.
-마태복음

그래서 나는 오늘 그 문을
통째로 떼어 내 버리기로 했다.

사랑이 조용히 들어왔다 나갈 수 있도록
슬픔이 조용히 들어왔다 나갈 수 있도록.

마음
16

바람

행복의 바람
사랑의 바람

사람들은 그 바람을 잡으러
이리저리 뛰어다닌다.

마음은 거울의 바탕과 같고, 성품은 거울의 빛과 같다.
― 선가귀감

하지만 바람은 사람보다 더 빨라
따라가면 따라갈수록
저만치 앞서 달아나 버린다.

마음 비우고 돌아서면
저절로 가슴에 와 안길 바람을
자꾸 바람의 뒤만 따라다닌다.

마음
17

가벼운 마음

가벼운 마음은 깃털보다 가볍고
무거운 마음은 쇳덩이보다 무겁다.

가벼운 마음을 가지면 험한 산도
쉽게 넘을 수 있지만

무거운 마음을 가지면 평지를
걷기도 힘든다.

어떤 사람이 고기를 사러 푸줏간에 갔다.
"깨끗한 것으로 한 조각 주시오."
그러자 백정이 칼을 던지고 팔짱을 낀 채 말했다.
"어느 것이 더러운 것입니까?"
마침 길을 가던 반산 스님이 이를 듣고 크게 깨달았다.

-조사어록

마음
18

세상 인심

천재가 길을 가다
돌부리에 걸려 넘어졌다.

사람들이 달려나와
걱정하며 물었다.
"그 머리 괜찮아요?"

덕을 기르고 도를 닦는 데는 모름지기 목석 같은 마음을 지녀야 한다.
– 채근담

바보가 길을 가다
돌부리에 걸려 넘어졌다.

사람들이 달려나와
걱정하며 물었다.
"그 땅 괜찮아요?"

잠자기 좋아하는 것 때문에 일생을 아무런 소득 없이 헛되이 보내서는 안 된다.
항상 번뇌의 뜨거운 불길이 온 세상을 불태우고 있다는 사실을 생각하여
어서 빨리 자기를 구제해야 할 것이니, 부디 잠자기를 좋아하지 말라.
번뇌는 도둑과 같아 소리 없이 침범하여, 주인을 죽이려고 엿보는 것이
철천지원수보다 더 하거늘 어찌 태연히 잠자기만을 좋아하여
스스로를 경계하지 않을까?
ㅡ유교경

마음
19

미움

미움은 적이다.
무서운 적이다.

적은
성 밖에 있는 많은 적보다
성 안에 있는 한 명의 적이
더 무섭다.

그렇다.
다른 많은 사람들이
나를 미워하는 것보다

내가 나를 미워하는
내 안의 적이 더 무섭다.

마음 20

도자기와 생각

딱딱한 흙덩어리로는
도자기를 빚을 수 없다.

물렁하게 반죽을 해야만
도자기를 빚을 수 있다.

사람들의 생각도 그렇다.
딱딱한 생각을 가지고는
아무 일도 하지 못한다.

부드러운 생각을
가져야만 새로운 일을
할 수 있다.

마음 21
자존심

자존심이 길을 가다
웅덩이에 빠졌다.

"자존심 살려.
자존심 살려!"
자존심이 소리쳤다.

지나가던 사람들이
그 소리를 듣고 달려와
급하게 그를 끌어올리기
시작했다.

그러자 웅덩이에 있던
자존심이 또 소리쳤다.
"아, 살살 좀 끌어올려요.
자존심 다치겠어요"

진리를 닦는 사람은 아무리 괴로워도 남을 원망하지 않는다.
마치 그림자가 형체를 따르듯 내가 한 일, 내가 모두 받음에 도대체 누굴 원망하겠는가.
친구를 만나거나 무슨 일을 하더라도 따로 구하지 않고 오직 묵연히 도리만 다할 뿐일세.

－달마대사

마음
22

고민

막 잠이 들 무렵
고민이란 놈이 슬며시 찾아왔다.

보기도 싫고
생각하기도 싫은
그 놈은
잠자리에 누워 있는 나를
밖으로 몰아내고는

부귀는 교만한 것이어서, 반드시 스스로 재앙을 불러온다.
― 노자

자기가 주인인 양
내 대신
누워 버렸다.

나는 뜬눈으로 밤을 샜다.

누구든지 조용한 곳에서 쉬려고 하거든
먼저 세상의 모든 인연을 놓아 버려야 한다.
만약 놓지 못한 사람이 하루를 쉬든 이틀을 쉬든
날짜가 무슨 소용이 있겠는가?
쉬는 날을 얻으려 하기 전에 먼저 쉬는 법부터 배워야 하리.
　-몽산

마음
23

부끄러운 것

아들이 아빠에게 물었다.

"아빠, 어른들은 왜 몸 속을
들여다보는 기계는 만들면서
마음 속을 들여다보는 기계는
만들지 않나요?"

그러자 아빠가 말했다.

"그건 말이다. 어른들의
마음 속에는 부끄러운 것들이
너무 많이 들어 있기 때문이란다."

마음
24

헛수고

무척이나 게으른 아들을 불러 놓고
아버지는 한숨을 쉬며 말했다.

"얘야, 난 이제까지
입고 싶은 것 안 입고
먹고 싶은 것 안 먹고
열심히 돈을 벌었단다."

마음을 한 곳에만 두면 무슨 일이건 이루지 못할 것이 없다.
─죽창수필

그 말을 들은 아들이 말했다.

"아버지,
그런 거라면 걱정 마세요.
이제부턴 제가 열심히 입고
열심히 먹을 테니까요."

구하라, 그러면 너희에게 주실 것이요
찾으라, 그러면 찾을 것이요
문을 두드려라, 그러면 열릴 것이요
구하는 이마다 얻을 것이요, 찾는 이가 찾을 것이요
두드리는 이에게 열릴 것이니라.
　　－마태복음

마음
25

착각

자기가 새라고 착각하는
돌멩이가 있었다.

"나는 새야.
언젠가는 날게 될 거야.
꼭 날게 될 거야."

어느 날 지나가던 이가
무심코 그 돌멩이를 툭
걷어찼다.

자기가 새라고 착각하는 돌멩이는
기뻐서 소릴 질렀다.
"야, 이제 나도 날게 되었구나!"

마음
26

술이 약

술이 약이다.
그래, 나는 지금
술을 마시고 있는 것이 아니라
약을 먹고 있는 것이다.

내가 이렇게
취해서 비틀대며
횡설수설하는 건

의사의 처방 없이
약을 먹었기 때문이다.

뜨거운 번뇌가 마치 불타는 집과 같은데
어찌 거기 머물러 길고 긴 고통을 달게 받으려고 하는가?
모름지기 고통을 피하고자 하면 진리를 찾아야 하나니,
진리를 찾으려면 곧 이 마음을 찾으라.
어찌 다른 곳에서 찾을 것인가, 마음은 이 몸을 여의지 않았음이라.

-수심결

마음 27
생각 없는 사람

매일 방 안에 들어앉아 빈둥빈둥
놀고 있는 한 사나이의 생각이
어느 날 바깥으로 외출을 했다.

생각은 사나이를 눕혀 놓고
밖으로 나가면서 커다란
자물쇠로 방문을 꼭 걸어
잠갔다.

그리고는 혼자 이렇게
말했다.

"생각 없는 사람이란
짐승과 같거든.
언제 어떠한 행동을 할지
모른단 말야."

항상 뜻과 절개를 굳게 가져 게으름을 채찍질하고
잘못을 찾아 착한 곳으로 옮겨 마음을 조복해야 한다.
이와 같이 부지런히 닦으면 관(觀)하는 힘이 더욱 깊어지고 마음이 밝아진다.
- 목우자

마음 28

흰색과 검은색

검은색 때문에 흰색이 더 희게 보이고
흰색 때문에 검은색이 더 검게 보인다.

부자가 흰색이라면 빈자는 검은색이 아닐까?
부자 때문에 빈자는 더 가난해 보이고
빈자 때문에 부자는 더 부유해 보이니까.

마음 29
가진 자와 못 가진 자

가진 자와 못 가진 자
힘 주는 곳이 서로 틀리네.

가진 자는 목에 힘을 주고
못 가진 자는 주먹에 힘을 주네.

새가 우리 머리 위를 지나는 것을 막을 도리는 없다.
그러나 새가 우리 머리에 집을 짓는 것은 막을 수 있다.
나쁜 생각이란, 마치 새가 우리 머리 위를 스치는 것과 같아서 막아낼 도리는 없다.
그러나 그 나쁜 생각이 우리 머리 가운데 자리를 잡고
들어앉지 못하게 물리칠 힘은 우리에게 있다.

-루터

정직과 성실을 그대의 벗으로 삼아라.
아무리 친한 벗이라 하더라도 그대 자신으로부터 나온 정직과 성실만큼
그대를 돕지는 못하리라. 남의 믿음을 잃었을 때 사람은 가장 비참하다.
백 권의 책보다 단 한 가지의 성실한 마음이 사람을 움직이는 힘이 더 큰 것이다.
- 프랭클린

마음
30

자만심

자신이 최고라고
생각하는 사람은

자신의 하찮은
지위나 명예도
최고라고 생각한다.

그리고 자신의 하찮은
아픔이나 슬픔도

남의 것보다 더 크다고
엄살이 대단하다.

마음
31

화와 불

화는 불이다.
뜨거운 불이다.

그러나 그 불로는
방을 따뜻하게 덥힐 수도
밥을 지을 수도 없다.

사람을 어리석게 가려 버리는 것은 애착과 욕심이다.
　　　　　　　　　　　　　　　　　－사십이장경

나무를 태울 수도
쇠를 달굴 수도 없다.

오로지 자신의 속만 태울 뿐이다.

마음
32

발자국

도둑은 자기의 발자국을
지우려 하고

학자는 자기의 발자국을
남기려 한다.

주정뱅이는 자기의 발자국을
외면하려 하고

부자는 자기의 발자국을
지우고 다시 만들려 한다.

마음
33

조심하세요

가진 것이 많은 사람들은 조심하세요.
집에 도둑이 들지 모르니까요.

가진 것이 없는 사람들도 조심하세요.
마음 속에 도둑이 들지 모르니까요.

오늘날 사람들이 공부를 해도 큰 진전이 없는 것은
성실한 자세가 없고 원대한 목표가 없이
다만 잔재주만 키워 머리로만 나아가고
온몸을 던지는 참다운 지혜와 용기가 없기 때문이다.
─ 산방야화

따뜻한 마음은 이를 주는 사람이나 받는 사람이나 다 같이 행복하다.
만약 임금에게 자비심이 있다면,
그것만으로도 오히려 그의 금관보다 빛날 것이다.
-아우구스티누스

마음
34

칼

분노는 칼이다.
가슴 속에 넣어 두면 자기가 다치고
밖으로 내 놓으면 남이 다친다.

마음
35
걱정

사람의 걱정이란 놈
살펴보니 참 웃긴다.

하찮은 작은 놈이
혼자 있을 땐 큰 놈
행세하다가

큰 놈이 들어오니
슬그머니 자취를 감춘다.

그리고 그 큰 놈도
더 큰 놈이 들어오니
그만 기가 죽는다.

밭에 난 잡초를 뽑으면 그것으로 또 거름이 되듯이
사람의 고민도 그 잡초와 같은 존재이다.
뽑지 않고 내버려 두면 무성하여 곡식을 해롭게 하지만
서둘러 뽑아 버리면 곡식은 잘 자란다. 그리고 뽑은 잡초는 따로 거름이 될 수 있다.
논과 밭에 잡초가 나는 것을 막을 수는 없으나
우리에게 뽑아 버릴 힘은 있지 않은가.

-채근담

어떤 이는 편견에
잡혀 있고
어떤 이는 망상에
잡혀 있다.

어떤 이는 칭찬에
끌려 다니고
어떤 이는 욕심에
끌려 다닌다.

마음
36

자유인

그러면서도 스스로
자유인이라고 말한다.

그것들에 꽉 잡혀
잠시도 벗어나지 못하면서도
제멋대로 뛰어다닌다고
자유인이라고 말한다.

마음
37

그
리
움

그리움에는
거리가 없다.

그리움에는
시간도 없다.

남의 결점이 눈에 띄게 되는 것은 자기 자신을 잊어버렸을 때 일어나는 현상이다.
― 톨스토이

아무리 멀리 떨어지고
아무리 오래 되어도

언제나 눈앞에서
아른거린다.

마음 38

밥그릇과 괴로움

집에 새 식구 한 사람이
더 들어오면

밥그릇 하나가
더 늘어나듯이

마음에 새 욕심 하나가
더 생기면

괴로움 하나가
더 늘어난다.

마음 39

심술

심술이란 놈
참 묘한 놈이다.

온 동네를 구석구석
돌아다니다가

주가 되고, 선생이 되는 내가 너희의 발을 씻겼으니,
너희도 서로 발을 씻는 것이 옳으리라.
– 요한복음

남의 즐거움을 가지고 와서는
자기의 괴로움으로 만들고

남의 괴로움을 가지고 와서는
자기의 즐거움으로 만든다.

마음 40

어리석음

어리석음이란

앞뒤가 없는 막대기를
둘이 마주 잡고서.

자기가 잡은 쪽이

앞이라고 다투는 것.

등불을 들고 길을 가는 장님이 있었다.
이를 이상하게 여긴 사람이 물으니
"이 등불은 당신처럼 눈뜬 사람을 위해 들고 다닙니다.
여기 장님이 걷고 있으니 조심하라구요."라고 했다.
-탈무드

나는 가장 괴로운 곳에 몸을 던지리.
사랑과 미움에서 오는 모든 번민이 나에게는 오히려 시원한 감각을 준다.
인간에게 주어진 것들을 나는 나의 마음 속 자아로서 맛보고 싶다.
내 마음은 가장 높은 것, 가장 깊은 것을 붙들고 싶다.
인간의 모든 기쁨과 슬픔을 한꺼번에 나의 가슴 속에 쌓아올리고 싶다.
그래서 나라는 것을 인간 전체의 자아까지 넓혀 나가고 싶다.
　-괴테

마음
41

자위

혼자 사는 순이는
밤마다 큰 거울 앞에
앉아서
"나 혼자면 어때,
이렇게 둘이 있는데"라고 하면서
웃어 본다.

마음
42

마음의 병

목마름은 병이 아니다.
그러나 물을 마시고 나서도
목이 마른 것은 병이다.

졸음은 병이 아니다.
그러나 자고 나서도
졸리는 것은 병이다.

마음에 드는 것을
갖고 싶어하는 것은
병이 아니다.

그러나 가지고도
또 가지고 싶어하는 것은
병이다.

마음 43

없기 때문

갖은 양념을 한 음식이
맛이 없는 것은
그 음식에 정성이 없기 때문.

비싼 선물이 반갑지 않는 것은
그 선물에 사랑이 없기 때문.

귀로 듣고 얻는 것은 눈으로 직접 보고 얻는 것보다 넓지 못하고,
눈으로 보고 얻는 것은 마음으로 깨달아 얻는 것보다 넓지 못하다.
― 죽창수필

그리고 일생에 번 많은 돈이
자랑스럽지 않다면

그 돈에 정직과 양심이
없기 때문.

마음
44
생각이 어디 있나

한 청년이 자기 친구를
찾아가서 말했다.

"여보게 친구, 날 좀 도와 주게.
난 지금 한 여자 생각으로
매일 괴로워하고 있다네."

마음 집중은 죽음을 벗어나는 길
마음 집중이 되어 있지 않음은 죽음의 길.
―법구경

"그래, 그 생각이 지금
어디에 있나?"
친구가 묻자 그가 말했다.
"내 머릿속에 있지."

그러자 친구가 웃으며 말했다.
"여보게, 그 생각이 자네
밖에 있다면 몰라도 자네
머릿속에 있는 걸 내가 어떡하겠나?"

마음
45

장삿속

한 껌 회사의 사장님이 쉬지 않고 열심히 껌을 씹고 있었다.

부하 직원이 물었다.
"사장님, 무슨 껌인데 그렇게 기를 쓰고 씹으십니까?"

남의 악(잘못)한 것을 공격하되 너무 엄격해서는 안 된다. 중요한 것은 그가 그것을 받아서 감당할 수 있는가를 먼저 생각하는 것이다.
―채근담

그러자 사장님이 말했다.

 "우리 라이벌 회사의 껌이라네."

마음 46

마음과 물건

아무리 깨끗한
물건이라도

때묻은 마음으로 만지면
그 물건은 점점 더러워진다.

진리를 알지니, 진리가 너희를 자유케 하리라.
― 요한복음

아무리 더러운
물건이라도

깨끗한 마음으로 만지면
그 물건은 점점 깨끗해진다.

우리는 아무리 시간이 많이 남아 돌아도 잠자지 못한다.

눈만 감고 있다고 다 잠이 아니다. 피곤하여 몸을 누이는 순간 혼돈 속에 빠져 버린다.

온갖 사념의 찌꺼기들을 주워 모아서 범벅을 만들어 놓고

거기 빠져 허우적거린다. 엎치락뒤치락 몸부림을 친다.

표현하기조차 민망한 어지러운 혼란이 누워 있는 육체를 괴롭힐 뿐이다.

열 시간 스무 시간을 불 끄고 누워 있어도 잠을 잔 것은 아니다.

영혼이 쉰 것이 아니고 마음이 쉰 것이 아니기 때문이다.

다만 육신만 쉬었을 뿐이다.

말하자면 주인인 마음은 쉬지 못하고 종인 몸만 쉬었으니 제대로 잠잔 것이 못 된다.

아무리 오랜 시간을 누워 있어도 일어나면 온몸이 찌뿌드드하고 무겁다.

주인이 제대로 잠들지 못한 채 고통과 혼란에 시달렸으니 당연한 결과라고나 할까.

우리는 언제나 아기 같은 평화로 잠잘 수 있을까?

(편집자 松)

Wisdom

지혜

智

졸리면 잠잔다

영화 필름을 거꾸로 돌려 보면
주는 것은 받는 것이 되고
뺏는 것은 빼앗기는 것이 된다.

꽃 지는 것은 꽃 피는 것이 되고
구름 모이는 것은
구름 흩어지는 것이 된다.

지혜 1

필름과 생각

그처럼 우리들의 생각을
거꾸로 돌리면

미움은 사랑이 되고
싸움은 우정이 되며
괴로움은 즐거움이 된다.

지혜 2

마음에 담기

마음에 담아 둔 것들은
언젠가 밖으로 나온다.

아무리 마음을 잘 닫고
조심스럽게 간직해도
마음 한 번 흔들리면
금방 밖으로 튀어 나온다.

그러니 언제나
좋은 것들만 마음에 담아야 한다.
쏟아져 나와도 괜찮은 것들만
마음에 담아야 한다.

좋은 것들만 담고 살면
어린이처럼 행복해진다.

세상 사람 헐레벌떡 무슨 일로 바쁘신가.
이내 생명 다해 감을 도무지 생각 않네.
비바람 속 등불이 얼마나 오래 갈까.
가야 할 길 여섯 갈래 아득하고 망망한데
어쩌자고 오욕쾌락 그 속에서 헤매일까.
이 몸뚱이 건장할 때 부디부디 벗어나게.
　－육시무상게

지혜 3

독과 향기

독사는 독을 가지고 있어도
자기 독에 다치지 않지만

사람은 독을 가지고 있으면
자기 독에 다친다.

꽃은 향기를 가지고 있어도
자기 향에 취하지 않지만

사람은 향기를 가지고 있으면
자기 향에 취한다.

먼저 내가 할 일은 내가 자신에게 진실해야 한다는 점이다.
어찌 스스로는 진실하지 못하면서 남이 나에게 진실하기를 바라는가.
만약 그대가 자신에게 진실하다면, 밤이 낮을 따르듯
어떠한 사람도 그대에게 거짓말을 하지 않게 되리라.
-셰익스피어

지혜 4
보나마나지

보나마나지.
사과 속엔 사과 씨앗이 들어 있고
감 속엔 감 씨앗이 들어 있겠지.

보나마나지.
사과 속은 하얗고
감 속은 빨갛겠지.

보나마나지.
좋은 생각 하면 좋은 일 생기고
나쁜 생각 하면 나쁜 일 생기겠지.

보나마나지.
뿌린 만큼 거두겠지.

지혜 5
이 세상에

이 세상에
불에 타지 않는 것은 있어도
불에 녹지 않는 것은 없고

물에 젖지 않는 것은 있어도
물에 떠내려가지 않는 것은 없다.

그리고 이 세상에
사랑하지 않고 사는 사람은 있어도
사랑에 흔들리지 않는 사람은 없고

미운 사람 만나지 않고 숨어 살아도
미운 감정을 벗어난
사람은 없다.

지혜 6

저울

아주 작은 저울로
아주 큰 것을 달 수 없고

아주 큰 저울로
아주 작은 것을 달 수 없다.

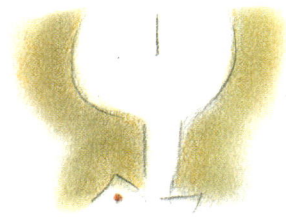

욕망은 슬픔을 낳고 욕망은 두려움을 낳는다.
― 법구경

편견이라는 저울로는
그 어떤 것도 바로 달 수 없고

사랑이라는 저울은
그 어떤 것을 달아도 다 똑같다.

이렇게 생각하고 살라.
즉 그대는 지금이라도 곧 인생을 하직하지 않으면 안 된다고.
이렇게 생각하고 살라. 즉 당신에게 남아 있는 시간은 생각지 않는 선물이라고.
-M. 아우렐리우스

지혜 7

구분하지 않는

왼쪽 오른쪽 구분 없는
신발이 나왔으면 좋겠다.

급할 때 그냥 신고 뛰게.

잘났다 못났다 구분하지
않는 세상이 되었으면 좋겠다.

급할 때 그냥 같이
힘을 합쳐 일하게.

지혜 8

잘못된 생각

헐거운 수도꼭지는
아무리 꼭 잠가도
물이 새고

비뚤어진 문은
아무리 꼭 닫아도
바람이 들어온다.

그렇다,
사람의 잘못된 생각은

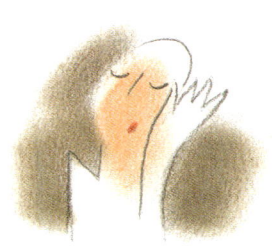

아무리 많은 노력을
기울여도 좋은 결과를
얻지 못한다.

지혜로운 사람을 비난하는 자는 하늘을 향해 침을 뱉는 자와 같다.
-사십이장경

그릇의 크기를 보고
물을 따르듯이

사람의 능력을 보고
일을 맡긴다.

지혜 9

그릇과 강

강의 흐름을 알고
뛰어들듯이

세상의 흐름을 알고
일을 도모한다.

지혜
10

장애물

장애물이 밖에 있으면
사람들은
쉽게 피해 다닌다.

그러나 장애물이
자기 안에 있으면

사람들은 그 장애물을
피하지 못하고 그 자리에
주저앉고 만다.

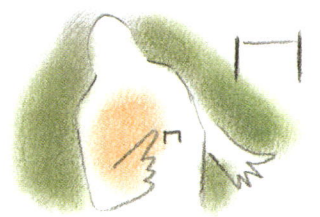

그렇다.
밖에 있는 큰 장애물보다
안에 있는 작은 장애물이
더 무섭다.

지혜 11

법칙

먹을 것이 없어 집을 나간
개는 다시 돌아오지만

주인이 싫어 집을 나간 개는
다시 돌아오지 않는다.

<u>스스로</u> 생각을 많이 짓지 말고 남의 일 알려고 하지 말라.
아는 것이 많으면 일 또한 많게 되니, 이것은 마음을 쉬는 것만 못하다.
　　　　　　　　　　　　　　　　　　　　　　　－식심명

월급이 적다고 투덜대는
일꾼은 잡을 수 있지만

주인이 싫다고 투덜대는
일꾼은 잡을 수 없다.

지혜
12

보일 것과 감출 것

부모는 자식 앞에서
땀은 보이되 눈물은 보이지
말아야 하고

남편은 아내 앞에서
용기는 보이되 주먹은 보이지
말아야 하고

장사하는 사람은
손님 앞에서 친절은
보이되 속마음은 보이지
말아야 한다.

세상에는
보여서 좋은 것도 있지만
감추어서 좋은 것도 있다.

어떤 이가 대주 스님에게 물었다.
"세간에 자연보다 더 위대한 법이 있습니까?"
"있지."
"어떤 법이 자연보다 더 위대한 법입니까?"
"자연을 아는 것이니라."
-돈오입도요문론

지혜
13

더하기와 빼기

어리석은 사람은
자꾸만 더해서 많이 갖고
현명한 사람은
자꾸만 덜어서 많이 갖는다.

지혜
14

인생의 길이

 인생의 길이는

보는 쪽에 따라서 그 길이가 달라진다.

진실은 늘 우리의 가장 가까운 곳에 있다. 다만 사람들이 그것에 주의하지 않을 뿐이다. 언제나 진실을 찾아라. 진실은 우리를 기다리고 잇다.
―파스칼

앞에서 뒤를 보면
꽤 길지만

뒤에서 앞을 보면
너무 짧다.

지혜 15

나쁜 것과 좋은 것

정말 나쁜 것은
나쁘게 보이지 않는다.

치장을 하고 있기
때문이다.

언제나 홀로 있을 때를 삼가라. 이 생각을 마음 속에 새기고 그 생각을 게을리하지 않으면 모든 그릇된 생각이 일어나지 않을 것이다.

― 이율곡

정말 좋은 것은
좋게 보이지 않는다.

아무 치장도 하고 있지
않기 때문이다.

지혜 16

꿈

부자는 꿈에 도둑을 만나고
가난한 자는 꿈에 은인을
만난다.

고독한 자는 꿈에 친구를 만나고
짝 잃은 자는 꿈에 짝을 만난다.

그리고 욕심 많은 자는 꿈에
거지를 만나고

마음 비운 자는 꿈에
신선을 만난다.

지혜 17

앎

생각 깊은 이가
어느 집에 초대를 받았다.
집 주인은 손잡이가 달린 컵에
뜨거운 차를 담아서 내 왔다.

그는 찻잔의 손잡이를
잡지 않고 몸통을 들고 마셨다.

진리를 좇는 자는 빛으로 오나니,
이는 그 행위가 하나님 안에서 행한 것임을 나타내려 함이다.
― 요한복음

주인이 물었다.
"찻잔이 뜨거운데 왜 손잡이를
잡지 않고 몸통을 들고 마십니까?"

그러자 그가 말했다.
"손잡이를 잡으면 차가
얼마만큼 뜨거운지 모르지
않습니까?"

애욕 번뇌 얽매이고 명리 허영 눈 가리워
무서울사 저 지옥은 바다보다 깊어지고
삿된 마음 따라가고 악한 길만 찾아다녀
한량없는 죄의 쌓임 태산같이 높았어라.
불꽃 속을 헤매이고 독사굴에 깊이 빠져
나를 위해 남 헤치니 자나깨나 죄뿐일세.
천생 만생 쌓은 업장 저 허공에 가득 차니
많고 많은 이내 허물 정녕 어찌 하오리까.
－발원문

지혜
18

방법

스승이 제자에게 말했다.

"현명한 사람은 세상의
밝은 쪽만 보고 사느니라."

그러자 제자가 물었다
"어떻게 하면
밝은 쪽만 보게 됩니까?"

제자의 물음에 스승이 말했다
"어두우면 자고 밝으면
일어나면 되느니라."

어떤 잘생긴 사람이
못생긴 사람을 보고 말했다.

"당신은 거울을 볼 때마다
거울에 비치는 당신의
못생긴 모습을 보고 무척
속이 상하겠소."

지혜 19

지혜

그러자 못생긴 사람은
아무렇지도 않다는 듯 말했다.

"괜찮아요. 난 거울을 볼 때
내 얼굴만 보지
못생긴 얼굴은 보지 않아요."

지혜
20

잘 볼 수 없는 것

내 눈썹이 내 눈 가까이
있는데도 보지 못하듯이

내 코가 내 눈 가까이
있는데도 보지 못하듯이

아주 가까이 있는데도
내가 보지 못하는 것이 있다.
남들은 보는데
내가 보지 못하는 것.

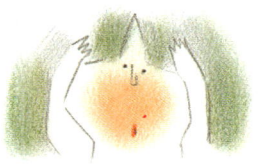

그것은 바로 나의 이기심과
어리석음이다.

한 스님이 수행하면서 암자 문에다가 '마음'이라고 써 놓고,
창에도 벽에도 모두 '마음'이라고 써 두었다.
법안 스님이 이를 보고 말했다.
"허허, 문에는 다만 '문'이라고 쓰고,
창에는 '창', 벽에는 '벽'이라고 쓰면 될 것을 …."

- 법안 문익

지혜 21

고민의 무게

고민에도
무게가 있다.

몸무게가 무겁다고
고민하는 사람들

늘 원대한 포부가 나를 인도하고, 깊은 사상이 나의 행동을 인도해야 한다.
조그마한 목전의 감정이 내 마음을 지배하고
얕은 생각이 나의 행동을 명령하지 않도록 해야 한다.
— 쇼펜하우어

우선 그 고민부터
없애 보자.

한결 몸무게가 가벼워질 것이다.

운명이란
자신이 끌고 다니는
자신의 그림자다.

좋은 곳으로 가면
좋은 곳으로 따라오고

지혜 22

운명과 그림자

나쁜 곳으로 가면
나쁜 곳으로 따라온다.

사람들은
자신이 어디로 가는 것은 생각하지 않고
따라오는 그림자만 나무란다.
(운명만 탓한다.)

지혜 23

머리의 짐

무거운 짐을 머리에 이고
가는 것보다

무거운 생각을 머리에 이고
가는 것이 더 고통스럽다.

남이 나를 속인다고 하지 말라. 사람은 늘 자기가 자기를 속이고 있는 것이다. 그래서 그대의 생각이 일부러 올바른 중심을 벗어나서 자기를 괴롭히고 있는 것이다.
― 괴테

왜냐하면
짐이야 잠시
내려놓을 수 있지만

생각은 한순간도
내려놓을 수 없기
때문이다.

지혜
24

용기와 슬기

용기가 없는 사람은
적을 피하려 하고

용기가 있는 사람은
적을 이기려 한다.

쇠녹은 쇠에서 생긴 것이지만 차차 쇠를 먹어 버린다. 이와 같이 그 마음이 옳지 못하면 무엇보다도 그 옳지 못한 마음은 그 사람 자신을 먹어 버리게 된다
- 법화경

그러나 슬기가 있는
사람은

적을 내 편으로
만들려 한다.

지혜
25

현실

현실에 방울을 달았으면
좋겠다.
수시로 딸랑딸랑 소리가 나게.

그러면 사람들은
그 방울소리를 듣고
자신의 현실을 돌아보겠지.

예수께서 너희에게 이르시되,
내 아버지께서 이제까지 일하시니 나도 일한다.
- 요한복음

죽음이란 현실
환상이라는 현실 속에
자기가 있다는 걸
알게 되겠지.

헛된 꿈을 꾸는 사람들이
그 꿈에서 빨리 깨어날 수 있도록
현실에 방울을 달았으면 좋겠다.

지혜 26

위로와 사랑

남한테 위로 받는 것은
즐거운 일이다.

그러나 그보다 더 즐거운 일은
남을 위로하는 것이다.

남한테 사랑 받는 것은
행복한 일이다.

그러나 그보다 더 행복한 것은
남을 사랑하는 것이다.

인생을 살아가면서 어려움 없기를 바라지 말라.
살면서 어려움이 없으면 교만과 사치가 생기나니
교만과 사치가 생기면 반드시 남을 속이고 억압하나니라.
그러므로 성인은 사람을 교화하시매 어려움으로써 기쁨을 삼았느니라.

- 보왕삼매론

지혜
27

쇠와 머리

똑같은 쇠를 가지고
어떤 이는 커다란
망치를 만들고

어떤 이는 작은
못을 만든다.

똑같은 머리를 가지고
어떤 이는 놀라운
사상을 만들고

어떤 이는 하찮은
잡념을 만든다.

슬픔은 우리 모두를 다시 어린애로 만들어 준다.
즉 모든 지성의 차이를 무너뜨리는 것이다.
아무리 현명한 자라 할지라도 아무것도 모르는 것이 된다.
 －에머슨

지혜 28

슬픔이란

슬픔이란 머리카락 자르기.

내가 내 머리를 자를 수 없듯이
너도 네 머리를 자를 수 없어.

그러니 우리 서로 잘라 주자.

공

앞뒤가 없이
행동하는 사람은

앞뒤가 없는
공과 같다.

사람의 성품 중 가장 뿌리깊은 것은 교만이다. 우리는 지금 누구에게나 겸손할 수 있다고 하는데 이것도 하나의 교만이다. 자기가 겸손을 의식하는 동안에는 아직 교만의 뿌리가 남아 있는 증거이다.

-프랭클린

언제 어디로 튀어
누구에게 맞을지 모르기
때문에

멀리 떨어지는 것이 좋다.

컴퓨터가 재는 것은
다 같다.

똑같은 자를 가지고
있기 때문이다.

지혜 30
자

그러나 사람들이 재는 것은
다 다르다.

저마다 다른 생각의
자를 가지고 있기 때문이다.

사람은 혼자 있을 때 정직하다. 혼자 있을 때는 자기를 속이지 못하기 때문이다.
그러나 남을 대할 때는 남을 속이려고 한다. 그러나 좀더 깊이 생각한다면
그것은 남을 속이는 것이 아니고 자기 자신을 속인다는 것을 알 것이다.
- 에머슨

지혜 31 - 내용과 생각

컴퓨터는 다 똑같이
생겼다. 그러나 그 속에
들어 있는 내용은 다 다르다.

중요한 것은
컴퓨터가 아니라
그 속에 들어 있는
내용이다.

사람도 마찬가지다.
모습은 다 같이 생겼지만
생각하는 것은 다 다르다.

중요한 것은
겉모습이 아니라
그 사람의 생각이다.

지혜 32

일과 방법

일 중에서 가장 쉬운 일은

용기있게 이일 저일 가리지 않고 하는 일이다.

온유함이 가장 강한 것이니,
악한 생각을 품지 않으므로 마음이 편안하고 몸이 건강하다.
— 사십이장경

방법 중에서 가장 쉬운 방법은

이 방법 저 방법 가리지 않고 노력하는 방법이다.

욕심, 화냄, 질투, 아만, 게으름 속에서 명예와 이익만 구하다가
헛되이 세월만 모두 보내네.
도무지 방향 없는 이야기로 나라를 비판하며,
아무런 공도 없이 남의 재물을 받아 쓰고도
한 조각 부끄러운 생각도 갖지 않으니
이 어찌 허물의 끝이 있겠는가?
　- 책발문

지혜 33

책상과 마음

책상이 기울면
몸이 따라 기울듯이

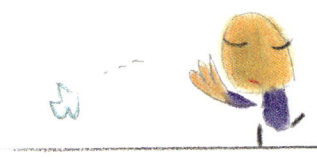

마음이 기울면
행동도 따라 기운다.

책상을 고치지 않으면
몸을 바로 세울 수 없듯

마음을 고치지 않으면
행동을 바로 할 수 없다.

169

지혜 34

지식과 날개

지식이란
날개다.

날개 단 새가 하늘을 날 듯이
지식의 날개를 단 사람도
하늘 높이
날아오를 수 있다.

그러나 그 날개가
엉터리라면

높은 하늘에서 금방
떨어지고 말 것이다.

지혜
35

매듭

순이 엄마는 자기가 만든
매듭이 예쁘다고 자랑한다.

돌이 엄마는 자기가 만든
매듭이 더 예쁘다고 으시댄다.

조각달 비치는 외로운 숲속에
몇 개의 백골이 흩어져 있구나.
옛날의 수려한 모습은 어디에
덧없이 삼악도 괴로움 키우네.
- 공부꾼의 노래

서로 자랑하고 으시대다 싸우고
등 돌린다.

풀어 버리면 그냥 똑같은
끈을 가지고 야단들이다.

저 사람의 성격은 어떨까?
어떤 생각을 하며 살까?

저 사람 가슴 속에는 무엇이 들어 있을까?
그는 무엇을 위해서 살까?

지혜 36

궁금증

이렇게 늘 궁금한 것이 남의 속이다.
알고 싶은 것이 남의 속이다.

먼저 알아야 할 내 속은
알려고 하지 않고
남의 속만 궁금해 한다.

지혜 37

고장난 신호등

사람이 엉뚱한 곳에 한눈 파는 것은
고장난 신호등과 같다.
(해야 할 일을 못하니까)

사람이 혼자 잘난 체하는 것은
고장난 신호등과 같다.
(제멋대로 깜빡거리니까)

조금 아는 것이 있다 하여
스스로 뽐내 남을 깔본다면
장님이 촛불을 든 것과 같아
남은 비추지만 자신을 밝히지 못하네.
— **법구경**

사람이 순서를 지키지 않는 것은
고장난 신호등과 같다.
(빨강만 계속 깜빡이니까)

사람이 참고 기다리지 못하는 것은
고장난 신호등과 같다.
빨리 고치지 않으면 큰일 난다.
(차들이 서로 먼저 가려다가 엉켜 버리니까)

묵은 해니 새해니 분별하지 말게.
겨울 가고 봄이 오니 해 바뀐 듯하지만
보게나 저 하늘이 달라졌는가.
우리가 어리석어 꿈 속에 사네.
- 학명, 석정 역

지혜 38

무덤

이 땅이 너무 좁아
이젠 더 묻을 자리도 없을 거야.
그러니 이다음
내가 죽거든
네 가슴 속에다 날 묻어 줘.

지혜
39

만큼

세상은
노력하는 만큼
잘 살게 되고

사랑하는 만큼
아름다워지며

가슴을 여는 만큼
풍족해지고

참는 만큼 성숙해진다.

내 계명은 곧 내가 너희를 사랑한 것같이
너희도 서로 사랑하라는 것이다.
사람이 친구를 위하여 자기 목숨을 버리면
이에서 더 큰 사랑이 없다.
너희가 나의 명하는 대로 행하면
곧 나의 친구이니라.
　　- 요한복음

지혜 40
안다면

꿈 속에서 꿈인 줄 안다면
꿈 속에서 누굴 미워하고
누굴 좋아하지도 않을 텐데.

가졌다고 좋아하고
잃었다고 슬퍼하지도
않을 텐데.

그리고 울다가도 웃다가도
"이건 꿈이야" 하고
금방 시들해져 버릴 텐데.

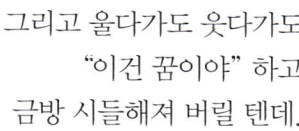

사는 것이
꿈이란 걸 안다면
고통도 슬픔도 모두 사라져
버릴 텐데.

지혜
41

난 누굴까

아버지 앞에서는 자식이 되고
아내 앞에서는 남편이 된다.

자식 앞에서는 아버지가 되고
동생 앞에서는 형이 된다.

십팔 년 지나간 일 자유라곤 없었도다. 강산을 뺏으려고 몇 번이나 싸웠던가.
내 이제 손을 털고 산 속으로 돌아가니 만 가지 근심걱정 내 아랑곳할 것 없네.

— 순치 황제

상대에 따라서 수시로 변하는
난 누굴까?

많이 가진 자 앞에서는
적게 가진 자가 되고
적게 가진 자 앞에서는
많이 가진 자가 되는
이렇게 수시로 변하는 난 누굴까?

풍선은 부는 힘에 따라
크기가 달라지고

음식은 만드는 사람에 따라
그 맛이 달라진다.

지혜 42

인생의 맛

그리고 인생은

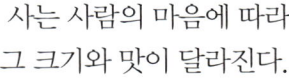

사는 사람의 마음에 따라
그 크기와 맛이 달라진다.

지혜 43

인생과 길

인생이란 알고 보면

새 길을 걷는 것이 아니고
남이 걷던 길을 따라 걷는
것이다.

남이 걷던 길을 따라 걸으면서
새 길이라고 생각하는 것은

앞서 간 사람들이 보지 못한
새 것을 보기 때문이다.

지붕의 이엉을 성글게 이어
비가 오면 곧 새는 것처럼
뜻을 굳게 단속하지 않으면
음란한 욕심이 마음을 뚫는다.

지붕의 이엉을 촘촘히 이으면
비가 와도 새지 않는 것처럼
뜻을 굳게 지니고 그대로 행하면
음란한 욕심이 생기지 않으리.
― **법구경**

지혜
44

실수의 모자

한 젊은이가 우스꽝스럽게 생긴
실수의 모자를 머리에 쓰고 나타났다.

지나가던 노인이 그 젊은이를 보고
말했다.

"여보게 젊은이, 그 모자
재미있어 보이는데 나 좀 써 볼 수 없겠나?"

그러자 젊은이가 말했다.
"할아버지, 이 실수의 모자는
젊은이들만 쓰는 것이랍니다.
노인들이 쓰면 웃음거리가 된답니다."

지혜 45

또
한
편

남의 물건을 훔쳐 가는
도둑은 나쁘다.
그러나 한편 고맙기도 하다.

부지런히 문단속을
하게 하니까.

남을 도와 주는 은인은
고맙다.
그러나 한편 나쁘기도 하다.

기대는 버릇을 들이기
때문에.

믿지 못할 우리 인생 복숭아꽃 닮았으니
꽃핀 다음 그 얼마나 붉은 모습 간직하랴.
태어나서 지금까지 살아온 길 돌아보니
이 모두가 한바탕 꿈 벗어나지 못했구나.
  －권세문

지혜 46
알려진다

꽃나무는
꽃으로 알려지고

과일 나무는
과일로 알려진다.

고기는 맛으로 알려지고

사람은 그 사람의
생각과 마음으로
알려진다.

〈종이거울 자주보기〉 운동을 시작하며

유·리·거·울·은·내·몸·을·비·춰·주·고
종·이·거·울·은·내·마·음·을·비·춰·준·다

〈종이거울 자주보기〉는 우리 국민 모두가 한 달에 책 한 권 이상 읽기를 목표로 정한 새로운 범국민 독서운동입니다.
국민 각자의 책읽기를 통해 우리 나라가 정신적으로도 선진국이 되고 모범국가가 되어 인류 사회의 평화와 발전에 기여하기를 바라는 마음으로 이 운동을 펼쳐 가고자 합니다.
인간의 성숙 없이는 그 어떠한 행복이나 평화도 기대할 수 없고 이루어지지 않는다는 엄연한 사실을 깨닫고, 오직 개개인의 자각을 통한 성숙만이 인류의 희망이고 행복을 이루는 길이라는 것을 믿기 때문입니다.
이에, 우선 우리 전 국민의 책읽기로 국민 각자의 자각과 성숙을 이루고자 〈종이거울 자주보기〉 운동을 시작합니다.
이 글을 대하는 분들께서는 저희들의 이 뜻이 안으로는 자신을 위하고 크게는 나라와 인류를 위하는 일임을 생각하시어, 흔쾌히 동참 동행해 주시기를 간절히 바랍니다.
감사합니다.

2003년 5월 1일

공동대표 : 조홍식 이시우 황명숙

지도위원

관조성국 나가성타 송암지원 미산현광 방상복(신부) 양운기(신부)
조홍식(성균관대명예교수) 이시우(前서울대교수) 황명숙(한양대명예교수)
강대철(조각가) 권경술(법사) 김광삼(현대불교신문발행인)
김광식(부천대교수) 김규칠(언론인) 김기철(도예가) 김상락(단국대교수)
김석환(하나전기대표) 김성배(미,연방정부공무원) 김세용(도예가)
김숙자(주부) 김영진(변호사) 김영태(동국대명예교수) 김응화(한양대교수)
김재영(동방대교수) 김호석(화가) 민희식(한양대명예교수)
박광서(서강대교수) 박범훈(작곡가) 박성근(낙농업) 박성배(미,뉴욕주립대교수)
박세일(서울대교수) 박영재(서강대교수) 박재동(에니매이션 감독)
서명원(신부) 서혜경(전주대교수) 성재모(강원대교수)
소광섭(서울대교수) 손진책(연출가) 송영식(변호사) 신규탁(연세대교수)
신송심(주부) 신희섭(KIST학습기억현상연구단장) 안상수(홍익대교수)
안숙선(판소리명창) 안장헌(사진작가) 유재근(연십회주)
윤용숙(여성문제연구회장) 이각범(한국정보통신대교수) 이규경(화가)
이규택(경서원대표) 이근후(의사) 이상우(굿데이신문회장) 이윤호(경기대교수)
이인자(경기대교수) 이일훈(건축가) 이재운(소설가)
이중표(전남대교수) 이택주(한택식물원장) 이호신(화가) 임현담(히말라야순례자)
정웅표(서예가) 한승조(고려대명예교수) 황보상(의사) – 가나다순 –

〈종이거울 자주보기〉 운동본부
(전화) 031-676-8700 / (전송) 031-676-8704 /
(E-mail) cigw0923@hanmail.net

〈종이거울 자주보기〉 운동의 회원이 되려면,

- 먼저 〈종이거울 자주보기〉 운동 가입신청서를 제출합니다.
- 매월 회비 10,000원을 냅니다.(1년 또는 몇 달 분을 한꺼번에 내셔도 됩니다.)
  국민은행 245-01-0039-101 (예금주 : 김인현)
- 때때로 특별회비를 냅니다. 자신이나 집안의 경사 및 기념일을 맞아 희사금을 내시면, 그 돈으로 책을 구하기 어려운 특별한 분들에게 책을 증정하여 〈종이거울 자주보기〉 운동을 폭넓게 펼쳐 갑니다.

〈종이거울 자주보기〉 운동의 회원이 되면,

① 회원은 매월 책 한 권 이상 읽습니다.
② 매월 책값(회비)에 관계없이 좋은 책 한 권씩을 귀댁으로 보냅니다.
   (회원은 그 달에 읽을 책을 집에서 받게 됨)
③ 저자의 출판기념 강연회와 사인회에 초대합니다.
④ 지인이나 친지 또는 특정한 곳에 동종의 책을 10권 이상 구입하여 보낼 경우 특전을 받습니다.

   ★ 평소 선물할 일이 있으면 가급적 책으로 하고, 이웃이나 친지들에게도 책 선물을 적극 권합니다.

⑤ 〈도서출판 종이거울〉 및 유관기관이 주최·주관하는 문화행사에 초대합니다.
⑥ 책을 구하기 어려운 곳에 자주, 기쁜 마음으로 책을 증정합니다.
⑦ 〈종이거울 자주보기〉 운동의 홍보위원을 자담합니다.
⑧ 집의 벽, 한 면은 책으로 장엄합니다.

〈종이거울 자주보기〉 운동 동참회원 명단

2003년 12월 6일

구자원 박춘우 정영래 유경순 서상철 이시우 김동구 이상원 이호신 홍성숙
이동우 곽영재 박호용 김명환 박성근 황보상 조홍식 신송심 이원무 송암지원
송행복 이상옥 박영숙 박원자 김숙자 유정한 이삼순 김대현 홍진호 김삭순
오기성 윤채원 정순연 이상필 김동우 임정미 최영애 오정순 조귀자 이천우
이길임 김정애 김준회 황보현 조경옥 정정례 박순복 김태련 한점숙 이동섭
안세호 박성근 최윤정 이재운 김정현 최혜순 박경련 최정숙 김영수 이태봉
이숙영 홍겸표 박종린 조욱동 김시순 홍창의 신동환 이재춘 정연박 한정선
김향숙 조미래 김영애 김국이 박상희 미카엘 서수복 이정원 이중우 박재동
김재영 이근후 정웅표 김영태 박범훈 윤용숙 안장헌 방상복 송영식 이택주
신희섭 김기철 강대철 김성배 이일훈 김세용 김영진 임현담 안상수 박광서
박성배 안숙선 이각범 유재근 한승조 서혜경 민희식 이인자 황명숙 손진책
박세일 모주영 서수덕 김정희 김규복 신복균 김규태 전경숙 이중표 태순덕
대 인 김민기 안영재 강혜자 정옥현 이상우 권경희 이선희 김미나 최성중
조문래 김남명 이창석 조미란 김창자 수 진 황정자 박정숙 오혜심 진 화
최병찬 김해리 김미정 이광선 류보영 우길랑 이인복 박중숙 김영숙 나가성타
소광섭 미산현광 최금재 김광삼 박정희 김영매 남지현 유숙이 황용식 신경선
김현선 최혜윤 남승희 양운기 윤춘자 전승일 정현숙 지 한 혜 윤 백영숙
양윤희 김현옥 유은이 김상락 김호석 김광식 김응화 이정숙 김영순 관조성국
김규칠 김석환 이규택 권경술 이규경 유시혁 서명원 박영재 성재모
황 엽 신규탁 현 몽 이윤호 자인행 정연춘 – 회원 가입 순 –

이 분들의 뜻이 모여 전 국민이 매월 책 1권 이상 읽는 〈종이거울 자주보기〉 운동의 목표가 이루어질 것입니다.